CAMP D'AVOR

ET

NOTES SUR LE BERRY

PAR

Le Lieutenant-Colonel DE CHOULOT

OFFICIER DE LA LÉGION-D'HONNEUR

TROISIÈME PARTIE

PRIX : 40 CENTIMES

A BOURGES	A PARIS
Chez M. TRIPAULT, Libraire	Chez M. DUMAINE, Libraire
rue Coursarlon, 24	Passage Dauphine

1873

CAMP D'AVOR

ET

NOTES SUR LE BERRY

PAR

LE LIEUTENANT-COLONEL DE CHOULOT

OFFICIER DE LA LÉGION-D'HONNEUR

TROIZIÈME PARTIE

PRIX : 40 CENTIMES

<table>
<tr><td>A BOURGES
Chez M. TRIPAULT, Libraire
rue Coursarlon, 24</td><td>A PARIS
Chez M. DUMAINE, Libraire
Passage Dauphine</td></tr>
</table>

1873

AVIS

Les personnes qui vont au campement de cavalerie doivent descendre à la station de Savigny ; à celle d'Avor, si elles ont l'intention d'aller au camp d'infanterie.

Le quartier général se trouve à peu près au centre. Il est plus facile d'y arriver par Avor.

Quant aux moyens de transport pour les étrangers, ils sont encore à établir à Avor et à Savigny.

En descendant à la station d'Avor, un poste avancé d'infanterie laisse de suite pressentir au voyageur le voisinage des établissements militaires qu'il cherche sans doute. Deux gendarmes se promènent gravement sur le trotoir, faisant pendant à une sentinelle de la ligne qui, sac au dos, le fusil sur l'épaule, s'imagine raccourcir le temps de sa faction en précipitant son pas. Quelques soldats du train allant au fourrage ont arrêté leurs attelages devant un modeste cabaret pour attendre que la barrière soit ouverte.

A l'instant où je passe un des soldats conducteurs, pour tuer le temps et le *ver*, demande une troisième consommation !

Au moment de la porter à ses lèvres, il contemple le liquide, et lui adresse cette courte allocution :

« Attention ! Toi, mon gaillard ! tâche de bien emboîter le pas et de serrer sur ton chef de file. L'étape n'est pas longue : souviens-toi que je n'estime guère les traînards et les rossards. »

La barrière s'écartait, le brigadier avait commandé *en route, marche*, la troisième consommation avait filé, l'homme était à cheval...

Et à cette heure matinale, les fils du

télégraphe, cinglés par le vent, troublèrent seuls de leurs vibrations plaintives les abords de cette gare non encore animée.

Les délégués des Sociétés de tempérance n'ayant point encore élu leurs domiciles dans les environs du camp d'Avor, le gouvernement devrait strictement faire surveiller les drogues malfaisantes dont il encourage le débit, car elles ne sont que trop souvent cause des écarts commis par des hommes altérés, fatigués.

« Nos forces doivent consister en la vertu
» de nos chefs, en la richesse de nos villes,
» au nombre et à la valeur de nos gens de
» guerre et en nos deniers communs et pu-
» blics. »

(*Mémoires d'Etat* de VILLEROY.)

Le petit plan, que l'on trouve dans
la première partie du camp d'Avor,
donne parfaitement à comprendre la
continuation des travaux de constructions militaires qui s'y élèvent pro-
gressivement.

A la suite des baraquements de la
2me division d'infanterie, dont l'instal-
lation de la 1ere brigade est achevée
sur le prolongement général du front
de bandière, vient s'appuyer aux jardins de Fauche-Court l'extrême gau-
che de la division de cavalerie. Le
terrain est ondulé, quelques noyers
chétifs y végétent, et si ce n'était les

forêts qui pointent à l'horizon, les revers des fossés humides qui bordent des prairies plantées de vigoureux peupliers, le parc de Chenevières contre lequel s'adosse cette troupe, on croirait reconnaître les champs pierreux des environs de Kamiesh, où campaient en Crimée les escadrons du général Morris.

L'Yèvre, qui baigne pendant plusieurs mois de l'année ces prés marécageux, est la principale cause de la végétation et de la fraîcheur dont on jouit dans cette petite partie du camp d'Avor.

Les abreuvoirs, de première nécessité pour des chevaux, dans une contrée où les puits sur le plateau sont à 18 et 20 mètres de profondeur, sont disposés sur le petit cours d'eau qui longe le campement, à une distance de 350 à 400 mètres.

La 1re brigade de cavalerie est séparée de la 2e par le Villabon qui suinte, coule, au fond d'une ravine peu profonde.

Cette division de cavalerie doit être campée sous la tente. — Les chevaux au piquet.

Les cuisines, cantines, salle de conférences, mess, latrines, sont déjà élevés en constructions permanentes, et le dispositif de ces établissements est calculé de façon à pouvoir être utilisé pour un séjour définitif, si on jugeait à propos de remplacer les tentes par des baraques.

Sans faire du *caporalisme* et briguer la dénomination de *père du soldat*, il est du devoir d'un chef de corps de s'occuper plus que jamais des écoles régimentaires qui laissent à désirer.

Les bataillons et celui de dépôt d'un régiment se trouvant réunis au camp, sous les ordres et la surveillance immédiate du chef de corps, il lui est plus facile de faire sentir d'une manière profitable une influence salutaire sur cette jeune pépinière de militaires, dont les premiers pas ont besoin d'être bien dirigés dans une carrière où l'abnégation de soi-même doit paraître toute rationnelle, à ce que le pays attend d'eux, en les pliant de bonne heure à la discipline. La position de ces jeunes enfants dans de pareilles circonstances, n'en est pas moins précaire, sous le rapport des conditions morales et mérite de capter l'attention paternelle du Ministre de la guerre.

D'après le règlement, les écoles sont sous la surveillance du major, qui propose au colonel les officiers et les sous-officiers capables de les conduire. Le colonel veille à ce qu'on se conforme exactement aux articles spéciaux regardant les enfants de troupe. Cet officier supérieur doit s'assurer fréquemment des progrès des jeunes élèves et user de toute son influence pour propager l'instruction dans son régiment (1).

(1) Ordonnance sur le service intérieur : devoirs généraux.

Je me crois permis de faire remarquer que ce sage règlement n'est pas strictement observé dans tous les corps de l'armée, à cause du plus ou moins d'importance que certains chefs y attachent.

De même que l'enfant de la campagne tient au clocher de son village par ses souvenirs de jeunesse, de famille ; à ce clocher, dont les accents joyeux ont annoncé sa venue en ce monde, à ces sons graves, qui vers sa douzième année lui donnent plus de liberté pour trouver à se caser, à ces tristes accents qui lui font regretter, pleurer ceux qui lui ont été chers et qui ne sont plus ; l'enfant du régiment nomade doit s'attacher au drapeau autour duquel se groupent pour lui en faisceaux, les glorieux souvenirs de ses devanciers, qui eux aussi, forment une famille honorable dont un gouvernement quelconque est tenu d'avoir à tâche de les rendre dignes.

Un ban, ouvert par les clairons, par es tambours, signale, toutes les heu-

reuses phases de la vie d'un soldat;
pour lui, le glas funèbre de son clocher
ambulant est la marche que sonnent
ou battent en sourdine les uns ou les
autres en temps de paix, et, la grosse
voix du canon, la fusillade crépitante
en temps de guerre.

Par un décret du 22 mai 1858, le
chiffre des fils légitimes de deux caté-
gories de militaires (soldats, sous-officiers et officiers) admis comme enfants
de troupe est fixé à un par compagnie
pour les divers corps d'infanterie de
ligne.

Les enfants de troupe de chaque
corps sont divisés en deux classes! La
première comprend ceux qui sont
âgés de moins de dix ans. La seconde,
ceux qui ont passé cet âge.

Ils occupent, dans le casernement,
une chambre séparée, où couche le
sous-officier chargé de leur surveillance.

Ils suivent les cours de l'école régimentaire bien que, jusqu'à l'âge de dix
ans, ils demeurent avec leurs parents.

Aussitôt qu'ils ont atteint leur quatorzième année, les enfants de troupe sont tenus suivant leur aptitude de servir comme tambours, clairons ou de travailler dans les bureaux des ateliers du corps.

Après quatorze ans, nul enfant n'est admis qu'à cette condition.

Sont rayés des contrôles et rendus à leur famille :

Les enfants âgés de quatorze ans qui refusent ou sont incapables de faire le service qui leur est imposé;

Les enfants âgés de dix ans et plus qui refusent de suivre ou de rejoindre leur corps;

Les enfants incorrigibles ou qui ont subi une condamnation correction-nelle.

Tout enfant de troupe rayé des con-trôles d'un corps n'est plus susceptible d'être réadmis dans un autre.

La position salubre du camp d'Avor est des plus satisfaisantes pour cette jeunesse qui a besoin de respirer le grand air à pleins poumons et de se pénétrer surtout de ce commandement de Dieu et de l'Eglise, que les ministres de l'instruction publique et de la justice devraient avoir imprimé en larges caractères dans les écoles et les pénitenciers:

Le bien d'autrui ne prendras et ne retiendras à ton escient.

Mais, au milieu de ces établissements militaires, ces enfants sont loin de rencontrer les secours intellectuels qu'ils pouvaient se procurer dans les villes de garnison.

Louis XIV, à une époque où la France était écrasée, répondit au comte de Stair, ambassadeur d'Angleterre à Paris : « Monsieur l'ambassadeur, j'ai toujours été le maître chez moi, quelquefois chez les autres, ne m'en faites pas souvenir » (1). Sans être présomptueux ; cette réponse est

(1) Abregé chronologique de Hénault.

trop française pour que nous devions l'oublier.

Etudions notre histoire, pour nous rappeler ce que nous avons été, profitons des leçons que nous avons hélas reçues : étudions l'histoire de nos ennemis, de leurs provinces d'outre-Rhin que nous avons maintes fois parcourues en tous sens, qui ont été *nostres* et par habitude, si nous montrons du cœur, la roue de la fortune qui semble avoir déraillé, reprendra la voie qu'elle n'a quittée qu'accidentellement.

..... Pendant le séjour du roi Louis XI à Paris, en 1467, M. de Barante dans son histoire des Ducs de Bourgogne nous raconte que ce Souverain accompagné de la Reine et de tout son cortège (1) passa en revue, trente mille

(1) *Histoire des ducs de Bourgogne* (Barante, vol. 8.)

hommes de toutes les bannières de Paris. Cette milice portait, la plupart, la jaque ou la brigandine blanche ; les autres n'avaient que le casque pour arme défensive ; mais tous tenaient la pique, l'épieu ou la hache. Par le commandement du Roi, des tonneaux de vin avaient été placés de distance en distance et furent défoncés pour que chacun s'y rafraîchit. Quoiqu'il en put dire publiquement, il savait à quoi s'en tenir sur la force d'une telle armée de bourgeois, et les Seigneurs de sa suite en riaient sans trop se gêner. « *Ne croyez-vous pas, Sire, disait* » *le sire de Crussol, qu'il y en a ici plus* » *de dix mille qui ne feraient pas dix* » *lieues sans s'arrêter pour manger ?* » Pasques Dieu ! répliqua le Roi en » riant, je crois que leurs femmes, » chevauchent mieux qu'eux. » (1)

Cette milice n'était autre que la garde nationale non disciplinée de nos jours.

(2) De Troy. Cabinet de Louis XI.

A part les propos du cynique souverain ayant trait aux dames de Paris, son appréciation et celle de ses hommes de guerre sur l'importance que l'on pouvait attacher à cette troupe est la même que celle portée depuis lors par tous les gens du métier, forcés de s'appuyer et de compter sur une semblable milice.

> Ils tournent au moindre vent.
> Ils tombent au moindre choc.
>
> (BOILEAU.)

Nous devons pourtant rappeler, qu'il n'y a pas de règles sans exception.

Une discipline quelconque a toujours formé la base et la force de toute société; sans elle, il n'y a que désordre, néant.

Les gros bataillons, *la tourbe*, constitue une masse que des soldats réguliers bien que moins nombreux, mais ayant confiance en leurs chefs et en eux-mêmes, repousseront, culbuteront. Malgré le perfectionnement écrasant des nouvelles armes à feu, la victoire restera toujours aux hommes disciplinés, conduits par le Général qui saura, de son côté, pouvoir compter sur des subordonnés remplissant consciencieusement leurs devoirs d'honnêtes citoyens.

On est forcé de reconnaître que le malheur a son entraînement comme le succès, et que toutes les institutions des peuples, quelque bonnes qu'elles soient ressentent des moments de relâchement qui coûtent cher à ceux qui s'écartent de ces principes. Aussitôt qu'ils y reviennent, une efficacité salutaire en rejaillit promptement.

L'histoire des Grecs, des Romains et de tous les peuples de l'Antiquité que nous étudions dès notre enfance vient corroborer ce que nous avançons.

« Toutes les fois que les Romains se
» crurent en danger ou qu'ils voulu-
» rent réparer quelque perte, ce fut
» une pratique constante, chez eux,
» d'affermir la discipline militaire et
» Sylla entre autres fait si bien tra-
» vailler les soldats de son armée

» effrayée de la guerre contre Mithri-
» date, qu'ils lui demandent le combat
» comme la fin de leurs peines. » (1)

Le général Ducrot, commandant aujourd'hui en chef le 8e corps d'armée (2) dont le noyau principal stationne au camp d'Avor, représente l'ordre, la loi, l'honneur. Les soldats sous ses ordres sentent plus que jamais la nécessité d'obéir, et se fortifient dans l'idée de cette discipline ennuyeuse, j'en conviens, qui constitue la force de la minorité sage, organisée, s'appuyant sur le droit, la justice envers et contre tous les braillards sans feux ni lieux. Peste à redouter dans de certains moments, à cause de ses idées démoralisantes et désorganisatrices.

(1) Grandeur et décadence des Romains. Chap. II (Montesquieu.)

(2) Le 8e corps d'armée comprend dans sa circonscription territoriale les 19e, 20e et 21e divisions militaires composées par les départements du Cher, de la Nièvre, de l'Indre, de l'Allier (Loir-et-Cher), de la Vienne, de la Haute-Loire, du Puy-de-Dôme, du Cantal, de la Haute-Vienne, de la Charente, de la Creuse, de la Corrèze.

. . . .
. . . .

Pour moraliser l'armée, on veut la maintenir dans des camps permanents, croyant ainsi isoler des hommes qui ont besoin de société, et on ne voit pas que tous les rebuts de cette société viennent se vautrer aux alentours des nouveaux centres que l'on crée où les philanthropes y racontent à un auditoire attentif, qu'il est inutile d'énumérer, une fois par semaine, les peines édictées par le code pénal.

Il n'y a point d'armée sans discipline et même sans une discipline rigoureuse, seulement, elle doit être tempérée par la bienveillance des chefs et par une sollicitude soutenue.

Qu'entend-t-on par camp d'instruction, si on ne lui procure pas largement le terrain nécessaire pour y compléter l'éducation militaire de ses hôtes, sans léser pour cela les propriétaires qui prétendraient avoir le droit de faire respecter leurs récoltes, en un mot, être maîtres chez eux. Si le capital manque pour acheter les terrains voulus au taux exorbitant que l'on se plaît à les estimer afin de profiter de la circonstance, l'Etat pourrait les affermer. Il s'en tirerait à meilleur marché, satisferait aux besoins du moment, au caprice de soi-disant hommes de guerre.

Tels et tels travaux de fortification passagère pourraient être élevés, fouillés, comme études pratiques, par des officiers et soldats d'infanterie livrés à eux-mêmes : ils les armeraient de pièces d'artillerie sous la direction de canonniers qui en quelques leçons enseigneraient à mettre en batterie, à retourner une pièce, à la charger, pointer, tirer. On trouverait ensuite dans des occasions urgentes des auxiliaires préparés aux premières notions de ce genre de service pour lequel il n'est pas nécessaire de passer par les écoles des armes spéciales.

Que l'on fasse du fantassin, ce que l'on a fait du matelot, un homme apte à tous les services. Ce ne sera pas nouveau, c'est prescrit depuis le 29 septembre 1803, date à laquelle le premier Consul écrivait du camp de Boulogne au Ministre de la guerre. « Il faut » faire souvenir les hussards qu'un » soldat français doit être cavalier, » fantassin, canonnier, qu'il doit faire » face à tout. (1) »

On pourra accomplir de véritables passages de défilé en avant, en arrière, sans être toujours contraint de jouer à la petite guerre, avec des sapeurs comme jalonneurs qui s'écartent, se rapprochent à volonté pour ne pas être écrasés ou faire manquer le mouvement ordonné. Sur cette vaste étendue de terrain affermé, on jugerait alors de la capacité militaire des chefs supérieurs, de l'intelligence des officiers subalternes, et on verrait se développer par cette espèce de pratique, celle de tous les hommes.

Un inspecteur général décidera mieux que dans son bureau et sur la

(1) *Histoire du Consulat et de l'Empire* par M. Thiers (Tome IV).

place d'armes de l'intelligence de ses subordonnés, sachant brillamment tous les articles des règlements, et réciter sans fautes les différentes progressions, notes qui, trop souvent, font coter d'une manière exceptionnelle un individu de piètre valeur.

La compréhension des supérieurs, des inférieurs s'augmentera au jeu de combinaisons, où les trois armes réunies ne manœuvreront pas continuellement sous la direction du même officier, car enfin, si l'un manque, il doit être remplacé par un autre.

Au grand chef ensuite à prononcer sur l'aptitude de ses subordonnés.

Dans une brochure publiée en 1872 par la *réunion des officiers*, intitulée de *l'instruction pratique de la compagnie d'infanterie*, et qui n'est pas signée, on peut puiser de salutaires conseils sur les grandes manœuvres, en considérant comme simple unité celles exécutées par cette fraction régimentaire; on voit qu'elle est écrite par un homme du métier. La tactique *des trois*

armes réunies par M. Henri Guisti-
niani, officier Piémontais de mérite,
est aussi un ouvrage plein d'à-propos
sur ce sujet.

Quant à nous, nous ne connaissons
rien de plus parfait, que ce qui est
prescrit sur les marches militaires, le
service en campagne par l'ordonnance du 2 novembre 1833 (1).

Il s'agit seulement de l'apprendre et
de l'exécuter d'une manière rationnelle.

(1) On devrait se conformer aux bases de l'ins
truction du règlement (16 mars 1869).

CAUSERIES

AU

CAMP D'AVOR

**Le grand Condé. — Les perruques. — Le tir
à la cible. — Saint-Amand-Montrond**

Enfermés dans une espèce d'arche comme les enfants de feu le père Noé, regardant tomber la pluie qui tombe, tombe continuellement depuis plusieurs semaines, les officiers des différents régiments stationnés au camp d'Avor, cherchent en vain à découvrir dans les épais nuages qui presque les englobent, le ramier qui doit annoncer le terme de ce nouveau déluge. Une hirondelle de mer, égarée, voltige seule, s'élance avec grâce, plane, se balance au-dessus des flaques d'eau, puis disparaît comme une flèche au milieu de la pluie qui tombe toujours.

La baraque ou salle réservée pour les conférences du ... de ligne n'étant pas achevée, c'est le mess qui doit servir à plusieurs usages. — Deux heures viennent de sonner au coucou suspendu dans un coin de ce local. — Damiers, trictracs, jeux d'échecs, cartes sont mis de côté, et l'on vient se grouper autour d'un capitaine qui, s'exprimant facilement, expose brièvement, avec feu et lucidité, la vie de Louis II de Bourbon, duc d'Enghien, prince de Condé, auquel la postérité a confirmé le nom de Grand. — Pendant près d'une heure, chacun a écouté avec attention cette conférence biographique dont voici le résumé succinct.

Né à Paris le 8 septembre 1621, ce prince fut baptisé dans la cathédrale de Bourges le 22 mai 1626. Il passa ses premières années au château de Montrond que Sully, puis Henri II de Bourbon, prince de Condé avaient rendu une des places les plus fortes de cette époque. A l'âge de huit ans, on le mit à Bourges sous la direction de deux

Pères jésuites (1), pour y étudier au collége de la société, d'où il sortit ayant soutenu cinq ans après des thèses sur la philosophie.

Sous les ordres des maréchaux de Chaulnes, de Châtillon et de la Meilleraye, il assistait au siége d'Arras en 1641.

Commandant en chef en 1643, avec des forces inférieures à celles de l'ennemi, le désavantage de la position, les avis contraires de son conseil, il remporte à Rocroi sur les Espagnols une éclatante victoire, leur tue dix mille hommes et fait cinq mille prisonniers. — Plein de courage et d'initiative, le jeune général poursuit ses succès : Thionville est pris et les Français sont maîtres du cours de la Moselle.

L'année suivante, il combat pendant trois jours à Fribourg. Un boulet emporte le panneau de sa selle, une balle brise son épée, mais rien n'ar-

(1) Les Pères Pelletier et Lemaître-Gontier.

rête sa brillante valeur, et pour enlever ses troupes harassées, qui paraissent hésiter à charger de nouveau, il se porte seul en avant, jette son bâton de commandement au milieu des rangs des impériaux, et se précipite tête baissée pour le reprendre.

La victoire lui reste encore. Philisbourg et Mayence sont réduits.

En 1645, à Nordlingue, il met les Allemands en pleine déroute, et Mercy, leur général, meurt des suites de ses blessures. Condé avait alors vingt-cinq ans.

Il entre en Flandre, en 1646, et se rend maître de l'importante place de Dunkerque. Envoyé en Catalogne, en 1647, il se trouve à la tête de mauvaises troupes, et pour la première fois, la fortune n'est pas fidèle à ses drapeaux devant Lérida qu'il assiége sans succès.

Rappelé en Flandre, il remporte en 1648 sur l'archiduc Léopold, la victoire de Lens, qui décide de la paix avec l'Allemagne. Ce fut à Lens, qu'il acheva d'écraser les restes de la fameuse infanterie Espagnole.

Condé a pris rang dans cette pléiade de généraux que l'on surnommait les tapissiers de Notre-Dame (1).

Ce beau et brillant caractère, aigri par les cabales ourdies contre lui par des ambitieux, des envieux de sa gloire, voit alors rechercher son épée par tous les partis qui se tiraillent dans les rues de Paris. Les femmes, qui à cette époque de notre histoire de France jouent un rôle hardi et galant au milieu de ces conspirations de boudoirs, de ruelles, de carrefours, ne sont pas sans influence sur le jeune capitaine, que Mazarin tout puissant n'hésite pas à faire enlever et retenir prisonnier pendant treize mois. — Rendu à la liberté, cette âme altière, dont l'amour de la gloire est le principal moteur, ne respire que vengeance. — Il court à Montrond, voit

(1) Les drapeaux pris à l'ennemi avant d'avoir été transportés aux Invalides, décoraient les voûtes de la vieille basilique de Paris.

ses nombreux partisans, chauffe le zèle de tous, et dans ces vastes plaines d'Avor, foulées par les hordes de Vercingétorix, par les légions de Jules César, traversées par les guerriers qui, sous les ordres de Jeanne d'Arc, délivrent Orléans et repoussent l'étranger, les soldats de Condé, maîtres de plusieurs places fortes du Berri, luttent contre les troupes Royales et au combat de Bleneau, près de Gien, le maréchal d'Hocquincourt est complétement battu. — La cour oppose à ce bouillant adversaire, le sage et brave Turenne, qui lui fait éprouver des revers. Plus irrité que jamais en reconnaissant son impuissance momentanée, il offre son épée aux Espagnols, chez lesquels ne l'attendent que de jaloux déboires, malgré des succès balancés. La paix des Pyrénées lui assure, enfin, en 1660, l'oubli de ses torts, et pour les réparer, à la tête de ses anciens frères d'armes, il opère en moins de trois semaines la conquête de la Franche-Comté, et enlève Dôle en quelques jours.

La Hollande, en 1672, lui fournit l'occasion de prouver de nouveau sa capacité militaire et de déployer encore sa vaillance personnelle, puisqu'au passage du Rhin il a le poignet fracassé par un coup de pistolet que lui décharge à bout portant un cavalier allemand. Il remporte sa dernière victoire à Senef en 1674. L'année suivante après la mort de Turenne, il est chargé d'arrêter les progrès de Montecuculli. Mais, les douleurs dont il était tourmenté, l'obligèrent sur ces entrefaites à demander sa retraite à Louis XIV.

Ce fut à Chantilly (1), entouré de savants, de gens de goût, d'hommes de lettres qu'il protégeait, de quelques-uns de ses vieux compagnons d'armes,

(1) Avant la révolution de 89, on voyait dans la salle d'armes du château de Chantilly, la cuirasse du grand Condé ; on y comptait neuf coups de mousquet bien marqués, sur sa coiffure plusieurs coups de sabre, ses pistolets, une de ses épées et au milieu des drapeaux et guidons pris sur les Espagnols à Rocroy, le vieux fauteuil sur lequel fut tué à cette même bataille, le comte de Fuentes leur général.

que s'écoulèrent les dernières années de ce héros, que le Berri est fier d'avoir vu prendre place sur les bancs de ses écoles.

La séance était à peine terminée qu'un cri de joie, d'étonnement fit précipiter tout le monde, aux fenêtres, à la porte. Ce cri était certes parti d'une poitrine de sous-lieutenant ou de lieutenant. Comme les autres j'avais couru, mais, eu égard à ma dignité sans doute, je n'arrivai qu'en retard : ma haute taille me permit néanmoins de plonger par dessus les têtes de la cohue militante ; mais, je ne découvris de l'autre côté de la rue, sur le seuil de la baraque, vis-à-vis, qu'un perruquier promenant impitoyablement une paire de ciseaux sur le cuir chevelu d'un jeune volontaire, tondu impitoyablement jusqu'à la racine des cheveux d'après l'ordonnance de 1833. — Quant aux lieutenants et sous-lieutenants, ils poursuivaient du regard, perchée sur de hauts talons, une femme ! une dame ! pour de vrai.

C'était en effet un événement au camp d'Avor, et chacun de ces jeunes cœurs que l'on baraque, parque, niche sous la tènte pour les moraliser, étudier à fond le noble métier des armes avait cru entendre pousser le cri : aux armes !

Sans sourciller, je crois, sous sa voilette, la *dame pour de vrai,* coulait comme une ombre ; son regard s'était seul arrêté sur la chevelure hachée du militaire :

Péché d'envie ! regard de pitié ! je n'ai pu saisir sa pensée ?

Pendant que mes jeunes compagnons s'extasiaient sur un bas bien tiré, à peine même maculé par la boue sur laquelle, nouvelle sylphide, ses pas semblaient ne laisser trace de son passage, mes yeux, à cause du paravent vivant qui obstruait l'approche des ouvertures, ne purent se fixer que sur une luxuriante chevelure dont Louis-le-Grand, Vauban, Luxembourg, Vendôme, et autres illustres capitaines de cette époque auraient envié l'échafaudage.

L'usage de se couvrir la tête avec des cheveux étrangers remonte à une très-haute antiquité. — Les musées de Paris, de Londres, de Turin et de Berlin, possèdent des perruques égyptiennes fort bien conservées et dont la date se perd dans la nuit des temps : on retrouve les perruques parmi les Grecs et les Romains comme objets de nécessité autant que de luxe. Selon l'abbé Thiers, l'usage des perruques serait désigné dans le 17me verset du IIIe chapitre des *Prophéties d'Isaïe.*

La première indication historique précise que nous trouvions d'une perruque est dans Xénophon : « Quand Cyrus, dit-il, arriva chez son grand père Astyage (400 av. J.-C.), il l'aperçut décoré de beaucoup d'ornements, avec des sourcils peints et des *cheveux ajoutés* » (1). Selon lui, Candale, gouverneur du roi Mausole, voulant imposer une nouvelle taxe aux Lycéens, qui passaient pour être attachés à leur che-

____

(1) Xenophon *Cyropedia*, 7. 3. c.

velure, prétendit avoir l'ordre d'envoyer au roi des cheveux pour en faire
des boucles postiches, et leur laissa le
choix de livrer les leurs ou de donner
une certaine somme ; les Lycéens pré-
férèrent payer la capitation (1).

Nos grands frappeurs d'impôts ont
sans doute oublié ce que l'on pourrait
tirer des cheveux en prenant les dames
par le chignon.

L'illustre Annibal changeait souvent
de cheveux au dire de Tite-Live, pour
se soustraire aux embûches des Gau-
lois, et Juvénal (2) raconte que la cé-
lèbre Messaline employait ce genre de
déguisement plus souvent qu'il ne
convenait à une personne sage. Le
plus beau temps de ce genre de coiffure pour les hommes fut celui de
Louis XIV.

Le 4 mai 1701, le pape Clément X,
en défendit l'usage aux ecclésiastiques
pour célébrer la messe, sous peine de

(1) Aristote l'*Economie*. II. L.

(2) Satire VII Juvenal.

dix écus d'amende et la privation d'avancement. Je pense que, de nos jours, il n'y a plus que le Lord-Maire et les Aldermen de Londres, qui ne peuvent tenir conseil sans être revêtus de l'immense perruque officielle, plus, la plus belle partie du genre humain ; l'autre moitié ne faisant souvent usage que du toupet; du reste la calvitie est bien portée, surtout, chez les hommes de bureau qui s'étudient à se dégager le crâne de son ornement naturel. On pose à la tribune en homme profond dont les cheveux sont tombés par suite de soucis importants.

Louis XIV donna au commerce des perruques un très grand essor. Benette, son coiffeur, était un personnage considéré, et quelques-unes de ses perruques se vendirent jusqu'à mille écus.

. . . .

. . . .

Pour rassurer les étrangers qui viennent visiter le camp d'Avor, après renseignements pris, nous croyons devoir, pour l'honneur de nos conci- toyens, certifier que, de nos jours et même bien avant Jules César, person- ne n'a été scalpé dans les environs. Si par hasard quelques puissantes cheve- lures sont déposées dans un cabinet attenant aux mairies de Farges et d'Avor, elles n'y sont considérées que comme dépôts et doivent être rendues par messieurs les gardes champêtres à qui de droit, moyennant une modique rétribution.

Après avoir lu ces quelques pages, on ne viendra pas hurler que les traî- neurs de sabre du camp d'Avor ne s'occupent de rien, ne savent rien en dehors de leur théorie.

. . . .

. . . .

Au camp d'Avor, dans les casernes d'infanterie, c'est comme chez Nicolet, de plus fort en plus fort. Le clairon vient de sonner un appel, deux coups de langue bien accentués et tous les officiers de semaine ont d'abord dis- paru : il s'agit d'une théorie pratique sur le tir à la cible. Autrefois, dans les chambrées, par les temps de pluie, on enseignait aux hommes à bien épauler, même à mirer à l'aide d'un chevalet, puis enfin, lorsque le fusil à percussion était en usage, on terminait les exercices préparatoires par viser, brûler des capsules contre une chandelle allumée que les adroits seuls éteignaient. Un véritable perfectionnement, aujourd'hui, est le nouveau tir du *tube à tir* que le ministre de la guerre fait mettre en vigueur depuis quelques mois. On ne peut nier son utilité et la confiance qu'il donnera au soldat armé du chassepot ; d'autant plus que cet exercice dans les chambrées n'empêche pas le tir à la cible au polygone avec la véritable cartouche et l'appréciation si importante des distances sur le terrain. (1)

(1) En 1840, le duc d'Esclignac, officier supérieur distingué de cavalerie, retiré à Turin, avait imaginé pour exercer les ducs de Savoie, depuis Victor Emmanuel roi d'Italie et son frère le duc de Gênes, un système de cible mobile. Au moyen

Avec l'emploi du *tube à tir*, chaque soldat brûle cinq cartouches de suite par séance. Il en est attribué deux cents par homme pour ce genre d'exercice qui se fait sur une cible en fonte carrée au centre de laquelle, cinq zônes circulaires sont tracées à des intervalles de quinze millimètres. Cette cible se place habituellement à 5 mètres 50 du tireur même à 7 et 10 mètres.

L'atelier pour la confection de ces petites cartouches est composé de neuf hommes ; généralement des sapeurs remplissent ces fonctions.

La charge de poudre (poudre B) contenue dans la chargette est de un décigramme.

de cet exercice, le tireur acquérait une grande sûreté d'œil pour jeter son coup de fusil.

Les Anglais sont les premiers qui à l'école de Woolwich ont fait usage d'une cible mobile. Les Prussiens ont aussi inventé un système de cible avançant sur des rails au moyen de cordages mus par des hommes de corvée abrités derrière des talus. La vitesse réglementaire de cette cible ou mannequin ambulant est de 120 pas à la minute.

(Allgemein Militaer-Zeitung.)

La balle est sphérique du calibre de six millimètres, son poids de un gramme. Elle est en plomb et obtenue à l'aide d'un moule qui permet d'en couler un certain nombre à la fois.

Les amorces *Canouil* sont conservées loin de tout dépôt de poudre, en raison des combustions spontanées auxquelles les dites amorces pourraient donner lieu.

Après avoir pris congé des officiers du ... d'infanterie de ligne, M. l'aumônier Belleville, enfant du pays, homme de cœur, de charité, plein de savoir et de modestie, qui par hasard avait assisté comme moi à la conférence sur la vie militaire du prince de Condé, me donna, tout en cheminant vers la station d'Avor, les détails suivants sur St-Amand-Montrond dont le capitaine n'avait fait que prononcer le nom dans sa nomenclature historique des victoires remportées par le grand Condé.

. . . .

Une population de 8,220 habitants

occupe la jolie petite ville de Saint-Amand-Montrond, sous-préfecture du Cher, située à 44 kilomètres de Bourges et à 40 kilomètres du camp d'Avor. Noyée au printemps dans des vignobles ; des rideaux de peupliers la laissent à peine deviner aujourd'hui aux yeux du voyageur, qui, à travers des prairies, des terres bien cultivées cherche en vain la masse du château fort bâti au quinzième siècle qui émergeait au-dessus des accidents de terrain. Des coteaux boisés ferment une partie de l'horizon et, au sommet de l'un d'eux, se découpe sur le ciel comme un glorieux phare, pour nous consoler de nos derniers désastres, une tour, dite de Malakoff, élevée par les soins et aux frais d'un vieux soldat français, le duc de Mortemart, en mémoire de la prise de Sébastopol.

Au cœur de tout militaire, cette tour doit dire : *souvenir ! espérance !*

Mais, à combien de choses, d'événements doivent nous faire songer ces deux mots.

Par les ordres de Mazarin, les troupes du roi Louis XIV, conduites par le comte de Palluau, mestre de camp général de la cavalerie légère de France, commandant pour le service du roi en sa province du Berry, lieutenant général des armées de Sa Majesté, vinrent former le siége de Montrond qui, défendu pour Monsieur le Prince par le marquis de Persan, ne capitula le 1er septembre 1652 qu'après une année de résistance, de combats et après avoir enduré la famine.

Les fortifications en furent immédiatement rasées. La révolution de 93 acheva la démolition de la grosse tour qui n'avait été opérée qu'à moitié, et de cette véritable carrière de pierres de taille, dont une partie des matériaux fut d'abord employé à la construction d'une fonderie de canons, il ne reste plus rien.

Au dix-huitième siècle, le château de Montrond occupait environ une étendue de quatre kilomètres de circonférence, entourée de murs de quatre mètres d'élévation. A peu près au centre, surgissait une grosse tour ronde de quarante mètres de hauteur, posée sur un massif de blocs de pierres bien cimentés, d'un diamètre de plus de quarante mètres, de sa base à trois mètres au-dessus du sol d'où elle allait en diminuant de manière à ne plus présenter à l'extérieur qu'une circonférence de vingt-six mètres. Ces murs étaient crénelés et d'une épaisseur de trois mètres. Le sommet de cette tour ou donjon présentait une plate forme de dix mètres.

La grande cour du château était environnée d'un large fossé de huit mètres de profondeur avec escarpe et contre escarpe en pierre. Un pont-levis servait pour les communications avec l'autre enceinte où s'élevait une nouvelle tour de seize mètres de hauteur attenant à une vaste chapelle. Du pied de cette tour, s'échappait une source assez abondante pour faire mouvoir un moulin.

Le château était composé de bâtiments à trois étages dont les murailles avaient généralement vingt mètres de haut.

Le rez-de-chaussée était destiné pour les salles des gens de service. Le premier étage consacré à de beaux et vastes appartements.

Le puits principal construit en pierre de taille et dont on retrouve l'ouverture, avait près de vingt-quatre mètres de profondeur. Des jardins, des charmilles, des promenoirs, un potager égayaient les trois enceintes de cette place forte renfermant toutes les dépendances des serviteurs et les quartiers nécessaires aux logements des défenseurs d'une forteresse de cette importance.

La dernière enceinte était flanquée de distance en distance de tourelles de plus de trois mètres de hauteur (1).

Des prisons spacieuses, solides n'avaient pas été négligées, et parmi les personnages importants qui y furent

(1) Jean Thomas, Hérault

détenus, nous ne citerons que le lieutenant général Biét de Maubranche (1)
au baillage de Berry et maire de Bourges (2).

Ce magistrat n'ayant pas voulu se
ranger du parti de M. le prince de
Condé, le prince de Conti, son frère,
qui se trouvait à Bourges, le fit arrêter par les siens, enfermer à la grosse
tour de cette ville et quelques jours
après conduire en carrosse à Saint-
Amand-Montrond ainsi que le marquis de Sessac. « *L'un et l'autre étaient
flanqués de quatre gentilshommes, qui
avaient chacun un pistolet, et nous défen-
dirent de parler ou qu'il nous donneraient
du pistolet dans la tête* (3). » *Res ita se ha-
buit*, la chose se passa ainsi.

Pour achever de démanteler Mont-

(1) Le château de Maubranche se trouve à 13
kilomètres du camp d'Avor, près la route nationale
n° 151, conduisant de Poitiers à Avallon par Bourges et la Charité.

(2) Chevalier de Saint-Amand. Recherches historiques sur Saint-Amand Montrond.

(3) Relations de l'arrestation et de la captivité
de M. Claude Biet, écrite par lui-même.

rond, le roi écrivit le 3 novembre de Paris aux habitants de Bourges, d'envoyer douze milliers de poudre destinés à la démolition : « Ne doutant pas, ajoutait-il, que vous ne contribuez volontiers à délivrer la province d'une place qui luy a causé tant de foules et de maux avec toute la diligence qu'une affaire de cette importance requiert (1).»

Cette triste guerre civile fut cause des nombreuses déprédations auxquelles fut livré le malheureux territoire parcouru par les belligérants des deux partis. Les paysans exaspérés, poussés à bout, finirent par s'armer, et massacrèrent plusieurs fois des bandes de pillards, qui n'avaient pas le temps de regagner des châteaux forts comme ceux de Baugy, St-Florent, Culan et autres.

Je terminerai ce long chapitre, en narrant un tragique épisode arrivé dans la contrée ; il donne l'idée d'une

(1) L. Raynal, histoire du Berry (tom IV).

société où la force brutale primait la loi.

M. Deshéraux commandait pour le prince de Condé une petite place aux environs de St-Amand Montrond. Un soldat de sa garnison conçut une violente passion pour la femme de son chef. Néanmoins il déserta et se rangea dans le parti du roi. Courant en partisan la forêt de Tronçais il y surprit un jour Mme Deshéraux, la dépouilla et lui fit subir les derniers outrages. Le mari, justement irrité, monte à cheval avec quelques-uns de ses gens, se met à la poursuite du déserteur, finit par l'atteindre et le ramène prisonnier en son château (1).

Là, raconte Flechier dans ses mémoires sur les grands jours (tribunaux institués pour réprimer des brigandages qu'aucune justice ordinaire ne pouvait plus arrêter), il assembla quelques amis, fut juge et partie, quelques-uns disent même qu'il fut son

(1) L. Raynal *Histoire du Berry*.

bourreau. Il le condamna à mort, lui fit donner un confesseur, et sans autres formalités, pendre au premier arbre, ou le pendit lui-même.

. . . .

. . . .

. . . .

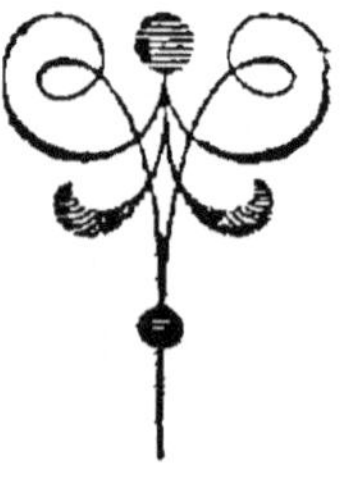

CHATEAU DE SAVOYE

A deux kilomètres de Villabon, à dix du camp d'Avor, le château de Savoye détruit sous le règne de Charles VI et reconstruit dans l'état où il est aujourd'hui, par Charles de Contremôret maître d'hôtel de Jeanne de France, duchesse de Berry, a soutenu maintes attaques. Son étroite enceinte, était défendue par six tours, dont il en reste quatre, qu'une galerie crénelée reliait entre elles. Les vestiges des murs que l'on retrouve attestent leur épaisseur. Une portion du bâtiment occupée par les seigneurs était voûtée, de même que la tour servant de prison.

Commandé par des ondulations de terrain, ce château qui faisait partie du réseau de forteresses, de maisons fortes dont était couverte la contrée, ne serait plus une position militaire importante de nos jours. Entouré de massifs d'arbres, de bosquets qui longent le chemin n° 36 de grande communication d'Avor à Etrechy, il n'offre aux yeux du touriste qu'une charmante oasis où l'on peut tranquillement réfléchir sur les vicissitudes humaines et la fragilité des anciennes constructions qui par leur solidité apparente semblaient devoir affronter les autans et braver les révolutions.

Meubles précieux, collection curieuse d'armures anciennes que le maréchal de la Grange-Montigny y avait réunies pendant les guerres civiles, tout a été dilapidé, détruit au nom de la liberté, tout est devenu la proie des bandes de pillards de 92 (1).

(1) Ce château appartient à la famille de Bengy-Puyvallée.

HENRICHEMONT

Elevé à une rude école, souvent plus riche en paroles qu'en espèces sonnantes, brave parmi les braves, Henri IV accorda une protection particulière à la province du Berri que la guerre avait ruinée. N'y pouvant soutenir de sa bourse ses partisans, il les encourageait par des témoignages d'affection et par de ces heureux mots qui vont au cœur.

A l'un d'eux, il écrivait : « Capitaine Durbois, mon ami, je souffre autant que vous de ne pouvoir vous faire tout le bien que je voudrais et que vous méritez. » A un autre : « Je vous envoie mon épée, employez là à mon service ; elle ne peut pas être en meilleures mains. »

J'ai lu chez M. de Rolland d'Arbousse, au château de Menetou-Couture, un autographe de ce roi vaillant et vert galant, ainsi conçu : « Je reconnais devoir quarante livres à mon ami d'Arbousse, que je lui rendrai quand pourrai. » Henri.

Aux manants et vilains, tout en rongeant avec appétit au milieu d'eux un croûton de pain et une gousse d'ail, il promettait *la poule au pot,* s'endormait tranquillement dans des huttes de charbonniers et par un cordial rémerciement, un gros baiser sur les joues de son hôtesse, si elle était jolie, payait ainsi son écot.

Henrichemont, aujourd'hui chef-lieu de canton, ayant une population de 3,459 habitants est situé à 27 kilomètres de Bourges et 36 kilomètres 300 mètres du camp d'Avor. Sully fit l'acquisition de ce territoire accidenté en 1605 (1). Deux ans après, Henri IV

(1) La principauté de Boisbelle ou d'Henrichemont était un petit état indépendant, enclavé dans le haut Berry. Elle comptait environ 6,000 habitants lorsque Sully l'acheta à Charles de Gonzague. En 1766 elle fut réunie à la couronne. (BOUILLET. *Dictionnaire d'histoire et de géographie*).

et son grand ministre passèrent un marché avec des maîtres maçons pour la construction d'une nouvelle cité qui prit la dénomination d'Henri-Mont d'où est dérivé Henrichemont. Naturellement des fossés profonds dont on retrouve les fouilles et une enceinte de murailles protégèrent les bâtisses qui s'élevèrent d'après un plan uniforme et régulier à l'entour des quatre faces d'une vaste place, à laquelle on donna le nom de Bethune. Depuis le 22 juillet 1854, une fontaine élégante placée au centre de ce quadrilatère fournit de l'eau en abondance.

La Motte-d'Humbligny un des points le plus culminant du département du Cher, domine ce territoire arrosé par la petite Sauldre, territoire qui serait ingrat sans l'intelligence, la persévérance de ses habitants qui diffèrent aussi beaucoup par leur activité, leur perspicacité dans les affaires commerciales d'avec le caractère plutôt indolent et routinier des Berrichons de la plaine. Cela provient sans doute de la première origine de la population d'Henrichemont : Henri IV et son ministre, ayant primitivement casé dans cette localité, des vieux routiers, des reîtres, des lansquenets dépaysés souvent, gens de sac et de corde mais avisés, qui après avoir déposé les armes au manteau de leurs cheminées, s'adonnèrent avec la même vaillance que sur les champs de bataille, où ils avaient suivi leurs braves capitaines, au défrichement de terres incultes et aux petits négoces.

RÉSUMÉ MONOGRAPHO-HISTORIQUE
DES RÉGIMENTS
Faisant partie du camp d'Avor
au mois de Février 1873

Mgr le duc d'Orléans, avait eu une heureuse idée en engageant et aidant à l'impression de l'historique des régiments ; mais, il est fâcheux de voir des chefs de corps les conserver précieusement dans leurs cartons, sans en donner connaissance à qui que ce soit. Car il est indubitable que l'on se croit solidaire, lorsqu'on a l'honneur de compter dans un corps jouissant d'un brillant passé, et de porter le numéro d'un régiment ayant une belle et bonne tenue et une vieille réputation de bravoure qu'il est bon de faire connaître, et non de celer, surtout à une époque où bien des gens cherchent à déprécier l'armée, dont on a tant besoin.

L'*Illustration militaire* avait publié une grande partie de monographies qui se sont arrêtées à la dernière guerre, il est donc utile de les compléter ; je ne le fais que d'une manière succincte, laissant ce travail à d'autres plus heureux que moi. Je maintiens qu'il est opportun qu'un soldat, qu'un sous-officier, un officier soient fiers du numéro qu'ils portent, et qu'ils sachent au moins, en rentrant dans leurs foyers, raconter les principaux événements auxquels ils ont assisté, auxquels leurs devanciers ont pris une part glorieuse, et qu'ils aient connaissance autrement que par un ordre du jour, lu à un appel, des noms de leurs camarades, de leurs chefs qui ont mérité d'être cités, récompensés ou blâmés.

On devrait donc répandre autant que possible, ces notions élémentaires historiques sur la grande famille militaire, à laquelle appartient tout français. Pour ne blesser aucune susceptibilité, narrer simplement les faits et l'opinion publique, qui peut-être égarée, errer un instant, rendra toujours justice à qui de droit.

SITUATION DES TROUPES DU CAMP D'AVOR

Au 20 janvier 1873

CORPS.	OFFICIERS.			TROUPE.			CHEVAUX			OBSERVATIONS.
	Présents.	Absents.	Effectif.	Présents.	Absents.	Effectif.	d'officiers.	de troupe disponibl.	de troupe Effectif.	
Etat-major..............	2	»	2	»	»	»	3	»	3	
10e de ligne	59	39	98	1.592	352	1.944	13	4	17	
27e —	74	16	90	1.686	448	2.034	15	3	18	
29e —	62	30	92	1.502	410	1.912	15	1	16	
56e — (1 bataillon)	16	5	21	467	128	595	3	1	4	
(3e Rt) 12e Cie du génie..	4	1	5	202	46	248	»	12	12	
(1er Rt) 15e Cie du train .	1	»	1	65	1	66	»	96	96	
1er d'artillie (2 battries)..	8	»	8	460	»	460	12	140	152	
Totaux.........	226	91	317	5.874	1.385	7.259	61	257	318	

27ᵉ D'INFANTERIE DE LIGNE

La guerre a ses fureurs, ainsi que ses disgrâces.
RACINE.

Nos deux dernières campagnes viennent hélas, à l'appui de ce vers de Racine, et l'historique abrégé des troupes composant aujourd'hui l'effectif du camp d'Avor démontre que la fortune est restée assez longtemps enchaînée à nos drapeaux pour que nous puissions avoir le droit de prétendre être encore fiers, en présence d'orgueilleux ennemis.

Le régiment de Lyonnais, 27ᵐᵉ régiment d'infanterie de ligne aujourd'hui, avait été levé en 1616 par Nicolas de de Neufville marquis de Villeroy. L'on peut dire qu'il promena ses glorieux étendards de par le monde. En Savoie, Vivarais, en Lorraine, en Italie, en Catalogne, en Allemagne, en Amérique, à l'expédition de Minorque, et de

Gibraltar, le régiment de Lyonnais est au premier rang.

Sous la dénomination de 27me, il sert à l'armée des Alpes, du Rhin en 1792 et 1793. — A Austerlitz, Iéna, Friedland, Wagram, Smolensk, Bautzen, Dresde ; en Espagne, Portugal, Crimée, ce vaillant corps montre fièrement son numéro bruni par la poudre.

La paix de Villafranca, en 1859, arrêta la marche du 27me à Milan. En 1870 il se montre ferme devant l'émeute qui grouille, hurle dans la Nièvre, à Fourchambault entre autres. A la vue de ses bayonnettes, le désordre pâlit, et avec l'estime des gens d'ordre qu'il emporte à son départ, les perturbateurs rendent justice à sa modération dans ces circonstances difficiles. — Ce régiment qui faisait partie de la division Guyot de Lesparre, 2me de l'armée de Lyon, passa alors sous les ordres du général de Failly, commandant le 5me corps de l'armée du Rhin. — Cette division ayant terminé son organisation à Bitche, partit le 6 août au matin dans la direction de Reichshofen où elle arriva à temps pour appuyer la retraite de l'armée française sur Saverne. Le 27me suivit le mouvement rétrograde sur Châlons et Sédan. Il prit part au combat de Bois-les-Dames le 29 août, à celui de Beaumont le 30 et le 1er septembre à la bataille de Sédan où furent tués le capitaine Minard et le sous-lieutenant Dabut. Enfermé dans la ville de Sédan, le 27me d'infanterie de ligne fut compris dans la capitulation. A la paix, les débris de ce régiment furent fondus avec le 27me de marche et réorganisés à Antibes. C'est un des rares corps d'infanterie qui ne soit pas encore allé en Afrique.

NOMENCLATURE

DES RÉGIMENTS AYANT OCCUPÉ LE CAMP

D'AVOR JUSQU'A CE JOUR

77e régiment d'infanterie de ligne, ancien régiment de La Marck.

56e régiment d'infanterie de ligne, ancien régiment de Bourbon.

10e régiment d'infanterie de ligne, ancien régiment de Neustrie.

27e régiment d'infanterie de ligne, ancien régiment de Lyonnais.

29e régiment d'infanterie de ligne ancien régiment du Dauphin.

Le général de division d'Abadie d'Aydrein, commandant la 19e division militaire, le général d'Auvergne commandant la subdivision du Cher et chef d'état-major du général Ducrot, le général de Fontanges qui, en ce moment, se trouve seul de son grade, habiter le camp, le général de Curten commandant la subdivision de la Nièvre, sont des chefs d'une valeur reconnue, pleins de cœur, de dévouement, qui ont gagné leurs grades sur les champs de bataille, et dans lesquels l'armée a confiance.

Les autres généraux devant venir au camp d'Avor ne sont pas encore nommés.

Ouvrages publiés par le même auteur

Mémoires et souvenirs d'un sous-lieutenant................... 1 volume

Études militaires, suivies d'un spécimen sur l'organisation de l'armée sarde........................... 1 volume

Voyage au pas de charge en Suisse et en Savoie (2ᵉ édition)......... 1 volume

Histoire des régiments de l'armée sarde (10 régiments) en collaboration avec M. FERRERO........ 2 volum.

Souvenirs pour servir à l'histoire du 1ᵉʳ régiment de la légion étrangère (Campagnes d'Afrique).............. 1 volume

(Campagne d'Orient)................. 1 volume

(Campagne d'Italie).................. 1 volume

Chales.......................... 1 volume

Le Vésuve et Pompéïa......... brochure

Colbert....................... brochure

Pompiers de Bourges......... brochure

Journal et Notes sur le 19ᵉ régiment mobile (Cher) 1870-1871.......................... 1 volume

Camp d'Avor et Notes sur le Berry. 1ʳᵉ partie

Id.   Id.   2ᵉ partie

Id.   Id.   3ᵉ partie